LETTRES POLITIQUES

ADRESSÉES

AU JOURNAL LE TEMPS,

PAR LE CAPITAINE BRÉBION,

DU 43ᵉ RÉGIMENT DE LIGNE.

PARIS.

CHEZ DELAUNAY, LIBRAIRE,

AU PALAIS-ROYAL.

—

1835

Le *Temps*, dans l'intention de connaître les opinions politiques de ses abonnés, venant de leur faire un appel, j'ai pensé qu'en ma qualité d'actionnaire - abonné , je ne pouvais mieux y répondre que par la publication de quelques lettres que j'ai adressées à ce journal, à de longs intervalles, depuis quatre ans. J'y joins aussi une autre lettre que j'ai eu occasion d'écrire à un député.

IMPRIMERIE DE MOQUET ET COMP.
Rue de la Harpe, 90.

Belle-Ile, le 29 décembre 1831.

A M. le Directeur du TEMPS.

Je viens vous prier, monsieur, d'avoir la complaisance de me faire adresser mon journal à Belle-Ile (Morbihan).

J'ai reçu, dans son temps, le huitième compte-rendu, etc.

Puisque j'ai l'occasion de vous écrire, je vous demande la permission, monsieur, de vous adresser quelques observations sur le journal dont vous êtes le gérant. Je dois vous le dire avec franchise : vos lecteurs, ou du moins beaucoup de ceux avec lesquels j'ai eu l'occasion de m'entretenir, ne voient pas avec plaisir qu'une feuille qui a souvent justifié la sagesse de son titre et de son épigraphe, se rapproche si souvent aussi, depuis quelque temps, de certains journaux qui sont nécessairement dans l'erreur, ce que l'on peut dire de plus obligeant

sur leur compte, ou dans une situation beaucoup moins excusable, ce que l'on pourrait affir-
mer en toute assurance,sans crainte d'être injuste
à leur égard. L'autre jour vous disiez, pour
repousser une épithète qui très-certainement
est devenue bien différente depuis notre révolution de juillet : « Nous ! ministériels ! qu'on
nous lise, voilà toute notre réponse.» Eh mais,
monsieur ! il me semble qu'il faut être ministé-
riel quand les ministres ont raison et leur dire
qu'ils se trompent lorsqu'ils sont dans l'erreur.
Il faut avouer que c'est une position bien pénible,
bien affligeante pour des hommes consciencieux
qui depuis long-temps ont donné de grandes
preuves de hautes capacités dans les affaires
publiques, et, par conséquent, de patriotisme
éclairé, que de se voir continuellement en butte
à ces criailleries tour-à-tour ridicules et perfides,
que poussent à l'unisson les deux partis extrêmes
formant cette tracassière et malveillante opposition carlo-républicaine,qui conspire à ciel ouvert
contre l'Etat. Quelle alliance monstrueuse ! et
pour le malheur de la France, elle existe, monsieur, cette monstruosité ! et le dévergondage
de la presse lui venant en aide, où cela nous
conduira-t-il ? Des hommes qui ont crié vive
la liberté ! quand ça ne leur serait arrivé qu'une
seule fois depuis quarante ans , venir aujour-

d'hui faire cause commune avec les légitimistes du droit divin, est une chose en vérité qui ne peut se concevoir qu'en faisant, aux uns comme aux autres, une part bien large à la corruption. Mais ils sont donc fous, ou traîtres à la patrie, tous ces hommes-là ? Oui, M. Thiers, vous avez raison : à côté les uns des autres, ils sont autant de mensonges ; et il faut ajouter, de bien honteux mensonges ! Vous avez encore grandement raison de dire : « qu'il y a des hom-
» mes qui, pour croire à une révolution, au-
» raient besoin de ne plus voir les mêmes édi-
» fices ; quelques-uns, de ne plus rencontrer
» vivants les mêmes hommes ; d'autres, et c'est
» le plus grand nombre, de se trouver en place.»
Oh! combien les ministres seraient indispensables aux prospérités, à la gloire de la patrie, s'ils pouvaient distribuer des commandements d'armées, des préfectures, des cours royales, des recettes-générales, voire même, peut-être bien, des évêchés, à tous ces hommes qui leur distribuent avec si peu de loyauté ou tant d'i-gnorance, des reproches si peu mérités, et des injures perdues si elles ne retournaient à leurs sources. Qu'il est beau, qu'il est noble; qu'il est français d'appeler chaque jour, dans des mil-lions de feuilles incendiaires, tous les peuples à

la révolte, en essayant sans cesse d'interpréter,
de dénaturer, avec toutes les ressources que
peut offrir l'habitude de la perfidie, et ce que
fait et même ce que ne fait pas le gouvernement! Tout sert de prétexte pour faire, il ne
faut pas dire de l'opposition, mais du scandale!
tout, depuis un fossé jusqu'à un peuple, depuis
une niaiserie jusqu'à une grande catastrophe.
Le gouvernement est-il tolérant et veut-il voir
venir l'émeute pour y croire, parce qu'il semble, quand on a de l'honneur et du bon sens,
qu'elle ne doit plus être possible, qu'aussitôt
toute la gent écrivassière jète les hauts cris contre l'imprévoyance coupable de l'autorité qui
doit toujours, cette autorité, prévenir le mal,
ce qui lui supposerait, il faut en convenir, une
bien grande puissance, et dont, je crois, elle ne
manquerait pas d'user en faveur de l'ordre, contre tous ceux qui le troublent d'une manière si
criminelle. Est-il, le gouvernement, prévoyant
et actif, qu'aussitôt encore la déloyauté l'accuse
de faire naître des troubles qui n'auraient pas eu
lieu, s'il se fût montré indifférent à toutes ces in-
nocentes évolutions des rues, comme chacun
sait! . . . J'étais à Paris il y a trois mois, et il y
avait trois mois que j'y étais : J'ai vu de près
les émeutes et les hommes qui y poussaient.
Paris, vous le savez, renferme au moins trente

mille vagabonds, je ne sais combien d'oisifs, de
mécontents, de gens de mauvaise foi et de che-
valiers d'industrie, éléments, en grande partie,
toujours vivaces de troubles civils. Il faut le
dire, c'était un spectacle dégoûtant : Quoi que
fasse le gouvernement, disaient quelques-uns des
capables du parti des émeutes, il faut qu'il tombe
parce qu'il ne nous a pas tenu les promesses de
l'hôtel-de-ville. Et ces émeutiers-là s'étaient dits
libéraux pendant quinze ans ! quel abus de mot !
Pourtant entre le drapeau tricolore et la liberté
des cultes, il y a déjà, pour le présent, la consé-
cration du plus grand principe de libertés publiques, comme aussi, pour l'avenir, les plus
flatteuses et solides espérances de tout le déve-
loppement dont ce principe est susceptible.

... La systématique opposition, à grands cris de-
mandait la guerre, et à plus grands cris deman-
dait la réduction du budget. Elle parlait de l'armée française devant vaincre toutes les armées
de l'Europe, et elle faisait insulter lâchement et
de la manière la plus grossière, des soldats français assis sur des chaises autour de la cour du Palais-Royal : on leur disait qu'ils étaient les sup-
pôts du despotisme ! on leur envoyait mille injures, mille provocations à travers les grilles qui
étaient fermées, il est vrai, et aux barreaux desquelles se jetait, se cramponnait ce que l'on

peut flétrir du nom de populace et de populaciers. Tout ce honteux scandale se passait sous les fenêtres de Louis-Philippe, de ce roi dont on peut dire, avec plus de vérité que d'aucun de ses prédécesseurs, qu'il est « le plus français dont s'honore la France.» D'un autre côté, on cassait les vitres de l'hôtel d'un ambassadeur ; sur la place Vendôme, l'émeute arrêtait des ministres, et l'orateur de la bande ne sachant trop que répondre au président du conseil qui lui demanda ce qu'il voulait, lui dit qu'il réclamait, lui, ses droits naturels. J'ai vu la garde nationale insultée, poussée à bout par tout ce que Paris renferme de plus ignoble, et le lendemain je lisais, dans certains journaux, tous ces lieux communs de mensonges, de mauvaise foi, d'absurdités, qui forment le cadre et le sujet de toutes ces misérables feuilles qui conspirent contre la vraie liberté. Mais je me consolais avec cette pensée ; je me disais : je ne crains rien pour la liberté, dans l'avenir du moins ; car elle écraserait ceux qui en abuseraient pour faire de l'anarchie, comme aussi ceux qui l'enchaîneraient pour faire du despotisme. Oui ! la vérité doit tôt ou tard l'emporter sur l'erreur ; mais il faudrait dire à bien des hommes, que pour servir cette sainte et noble cause, il ne suffit pas le posséder seulement des lumières, mais qu'il faut avoir encore et surtout de la loyauté dans ses opinions politiques.

Permettez-moi, monsieur, encore un mot au sujet de ce que vous dites sur les récompenses militaires données à la suite de la révolte des ouvriers de Lyon, révolte de sanglante et atroce mémoire! Vous dites : « que répondra le mili- » taire auquel on demandera où il a reçu la » croix d'honneur, à quelle occasion il l'a » reçue ? Pourra-t-il dire que c'est à l'affaire » de Lyon, là où le sang français seul a coulé ?..» Le sang français !.. oui, du côté de ceux qui combattaient pour faire respecter les lois; non du côté de la révolte, de l'anarchie, des lâches assassins. Et comme le disait dernièrement un ministre à la tribune : celui-là qui sait allier au devoir du citoyen le courage du soldat, partout et toujours méritera bien de la patrie. Les plus grands ennemis des peuples ne sont pas ceux qu'il faut aller chercher à quelques centaines de lieues des frontières : demandez-le plutôt aux ordonnances de juillet. Les plus grands ennemis des peuples sont les plus grands ennemis des lois ; car sans l'obéissance aux lois, *l'ordre*, *la liberté*, *la civilisation*, ne sont que des mots qui mentent à la société.

J'ai l'honneur d'être, etc.

Belle-Île, le 15 avril 1852.

A M. CUNIN-GRIDAINE,

Membre et Secrétaire de la Chambre des Députés.

Vous avez eu l'extrême obligeance, monsieur, de répondre, le 7 mars dernier, à la lettre que j'ai eu l'honneur de vous adresser le 14 février, et dans laquelle je vous priais d'avoir la bonté de vouloir bien me représenter pour mon vote à donner sur tout ce qui serait mis en délibération dans l'assemblée générale des actionnaires du journal le Temps, assemblée qui a eu lieu le 20 février. Je viens encore aujourd'hui, monsieur, vous faire la même prière, à l'occasion de la convocation du 23 de ce mois-ci, et, en conséquence, je vous adresse ma procuration.

L'opinion que vous émettez, monsieur, sur la cause du très-grand décroissement de prospérité de ce journal, est une chose réelle : vainement M. le gérant chercherait cette cause ailleurs ; vainement il voudrait la montrer là où elle n'est pas. Il faut le dire : parmi les lecteurs consciencieux de cette feuille, et qui ont quelques idées d'ordre public, il n'y a

depuis long-temps qu'un sentiment de blâme
contre sa mauvaise direction. Il ne s'agissait pas,
pour les satisfaire, de donner dans un ministé-
rialisme systématique; cela ne veut rien dire
maintenant, à l'époque où nous vivons. Il faut
supposer, et il est moral et vrai d'admettre,
que les hommes honorables qui sont placés à
la tête du gouvernement, ne sauraient que repousser avec dédain toutes condescendances
adulatrices. Mais tout ce fatras d'accusations
portées contre eux, chaque jour, par la mauvaise foi et l'ignorance, tout ce scandale de-
vrait-il trouver des échos dans une presse qui
se respecterait ? Quelques hommes qui écrivent
dans quelques journaux, ne prennent pas toujours innocemment la partie pour le tout; leurs
vues, leurs intérêts personnels, leur passion,
conduisent presque toujours leur plume, sous
mille rubriques à couleurs populaires. Ils disent
que l'administration excite les murmures de la
société, parce que l'administration n'a pas accueilli leurs prétentions, ou a négligé, sans
doute à tort si cela est, de récompenser de vrais
services rendus. Dans ce dernier cas, que l'on
se plaigne pour soi, si l'on se croit lésé, c'est chose
permise, rien de mieux, si, toutefois, des services rendus ne portent pas avec eux la plus
douce et la plus honorable récompense; mais

que l'on ne vienne point pousser de mensongères clameurs au nom de la société qui les désavoue ; que l'on ne prenne pas un singulier plaisir à mettre le feu à quelques fagots, pour s'en aller partout criant à tue-tête que l'incendie dévore la France, afin d'accuser indignement ceux qui sont le plus intéressés au maintien de l'ordre. En vérité, il serait bien temps, pour la dignité de notre caractère national, de mettre des bornes à toutes ces déclamations politiques dont le répertoire est si riche en locutions factieuses. Les hommes qui aiment la liberté, ceux qui en sont dignes, ne l'insultent jamais par la sédition.

Quand la malveillance a bâti avec d'immondes matériaux ses échafaudages d'accusations, elle y grimpe, prend son masque populaire, et dit effrontément au peuple qu'elle ameute contre les lois : Voyez comme de toutes parts la force brutale des baïonnettes vient traquer les paisibles citoyens, toutes ces créatures inoffensives, vieillards, femmes et enfans ! eh pourquoi ! parce qu'on se promène par milliers dans les rues en demandant l'abolition de quelques impôts, le renvoi des ministres ; que l'on crie à bas le gouvernement ! avec les variantes de 93 ; parce que l'on jète des pierres, que l'on tire des coups de fusils à ces pelotons de soldats ?

Mais ces soldats ne doivent-ils pas toujours recevoir ces provocations, essuyer ces insultes, l'arme au bras, jusqu'à ce que les trois sommations de rigueur soient faites, et que nous, ennemis du gouvernement, ayons déclaré les avoir entendues ? D'ailleurs, ne sommes-nous pas dans notre droit, et n'est-ce pas à nous de régler nos propres affaires comme nous l'entendons? Ainsi, lançons-leur des pierres, désarmons-les, élevons des barricades (comme on fit en juillet, mais pour une cause tout opposée); ceux que nous aurons blessés, achevons-les, quand ils tombent, jetons-les dans les fleuves, retenons prisonniers les magistrats qui veulent nous contraindre d'obéir à la loi qui n'a pas notre sanction directe ; chassons de nos murs les garnisons rebelles aux émeutes, et répétons que le gouvernement n'a plus à recueillir que la désaffection de tout le pays... Ensuite, si vous en avez le courage, écoutez encore ce que la malveillance et la stupidité braillent sur nos affaires extérieures. Tout cela n'est-il pas révoltant ! ou plutôt, tout cela n'est-il pas bien pitoyable ?

Je dirai à M. le directeur du Temps, pour répondre à ce qu'il exprime dans sa ligne politique : que très-certainement non, il ne faut pas que le journal soit subventionné par aucun ministère ; mais qu'à plus forte raison, il ne faut pas non plus que l'on puisse supposer qu'il appartient à une faction systématique , qui ne peut être que l'expression malheureuse d'elle-même. Lorsqu'on est assez bien constitué de cœur et d'esprit pour se croire capable de remplir l'honorable mission d'organe de la liberté et de la civilisation , il faut marcher les coudées franches , à travers tous les partis ; il faut ne pas soulever les aveugles passions populaires par de ces expressions brûlantes, dont le peuple ne sait comprendre que les éléments de révolte et de destruction qu'elles renferment.

J'ai l'honneur d'être , etc.

Lorient, le 24 juin 1853.

A M. le Directeur du TEMPS.

Je n'ai pas dans ce moment, monsieur, le loisir de répondre, comme je le désirerais, au dernier paragraphe de votre circulaire du 25 avril dernier, expédiée un mois plus tard. Je me bornerai simplement à vous rappeler en deux mots ce que j'ai eu l'honneur de vous écrire en plusieurs pages, de Belle-Île, le 29 décembre 1831, et qui se réduit à ceci : Loyauté dans la discussion, parce que les plus beaux talents du monde ne peuvent se soutenir dans l'estime publique qu'à cette condition ; générosité, bienveillance et sagesse dans le système politique, et justice surtout, non pas pour soi seulement, pour certains intérêts de position ; mais pour tous et dans le but vraiment glorieux de travailler à l'amélioration morale de la race humaine, en lui enseignant d'abord et progressivement ses devoirs, pour qu'elle conçoive ce que c'est que ses droits, et comment, par les uns et les autres, elle doit arriver enfin au plus haut degré de perfection qu'il lui est donné d'atteindre ; ne pas rendre à la déclamation inconséquente, et souvent bien aride, les honneurs que la presse libérale doit à la saine logique ; signaler avec convenance les erreurs ou les fautes que pourrait commettre le gouvernement, puisqu'il n'y pas moyen d'en composer un autrement qu'avec des hommes ; faire marcher devant soi le flambeau qui éclaire, mais non la torche qui incendie, ou tout au moins dont les lueurs sont si mensongères ; travailler sans relâche et consciencieusement à l'immense édifice des libertés publiques, mais bien choisir ses matériaux, mais bien prendre son temps pour les bien mettre en œuvre, afin que de tels travaux soient à jamais indestructibles. Voilà, monsieur, l'aperçu du plan que doit se tracer la société du journal que vous dirigez, si elle se compose d'hommes vraiment patriotes, vraiment libéraux. Pour mon compte, je n'en ai fait et ne continue à en faire partie, de cette société, que dans cette supposition. Du reste, soyez persuadé que les abonnés ne manqueront pas si vous suivez constamment cette ligne politique toute morale, dont le talent de votre plume si spirituellement brillante peut tirer un si beau et si honorable parti. Si quelques centaines d'abonnés nous quittaient, quelques milliers d'autres viendraient à nous.

J'ai l'honneur d'être, etc.

Auray, le 6 juin 1834.

Au même.

MONSIEUR,

Il y a plusieurs mois que je voulais vous écrire encore pour vous entretenir un peu des impressions pénibles que me fait éprouver la lecture de votre polémique contre le gouvernement. Je ne puis pas m'habituer à lire avec une raisonnable indifférence la plupart de vos articles politiques et militaires. Mon éducation constitutionnelle n'a pas encore acquis apparemment ce haut degré de perfection qui fait envisager sans conséquence tout ce luxe aride d'incessantes déclamations. Le temps viendra sans doute, et avant peu j'espère, où le journalisme, usé par ses propres excès, aura entièrement perdu son influence, il faut le dire, si malfaisante depuis notre révolution de juillet. A force d'entendre faire, avec plus ou moins d'esprit, de l'opposition qui trop souvent n'a pas le sens commun, ça doit dégoûter, jusqu'à un certain point, d'en faire de raisonnable. Je me dis quelquefois : mais, mon Dieu ! il faut que ces messieurs journalistes aient une bien mauvaise opinion de notre intelligence, qu'ils nous croient bien stupides, ou qu'il soient continuellement travaillés par de furieuses préoccupations, pour nous tenir un tel langage !

Quoi ! vous comparez les motifs de poursuites contre la presse libérale sous la restauration, aux constitutionnelles et impérieuses nécessités de répression contre les dégoûtantes licences, les criminelles excitations à la guerre civile, sous le loyal et généreux gouvernement de Louis-Philippe ! Quoi ! il y a là une législation de tendance renouvelée de la restauration ? Mais permettez, ce n'est ici qu'une pauvre dérision qui ne peut être accueillie que par des ignorants ou des fauteurs d'anarchie. Ensuite, vous voulez faire peur à la France, des lois évidemment obtenues contre ce scandaleux besoin de révolte, avoué par les partis extrêmes descendus, quoi qu'ils en disent, jusqu'à la honte de leur monstrueuse alliance (1). Quoi ! les bons citoyens, les vrais patriotes, dites-vous, sont inquiétés, poursuivis par la police ? Mais ici encore, votre sollicitude, soyez-en persuadé, porte on ne peut plus à faux : Croyez-vous, par exemple, qu'un soldat

_____

(1) Loi contre les associations politiques.

voyageant, son congé en poche, éprouve la moindre inquiétude, alors qu'il rencontrerait toute la gendarmerie du royaume ? Mais soyez sûr qu'il en sera bien autrement s'il est en désertion ; car alors, sur sa route, il pourra prendre même un curé pour un gendarme. Un bon citoyen ne redoute point la police ; les hommes malintentionnés seuls peuvent et doivent la craindre. Un bon citoyen veut la liberté par l'ordre ; il sait l'attendre parce qu'il l'aime ; ne la méconnaît pas lorsqu'il a le bonheur de la posséder, et ne la compromet jamais pour la conserver toujours ; son zèle est généreux, et son patriotisme sans arrière-pensée. Il salue avec reconnaissance les grands principes de 89, mais abhorre les criminels excès de la terreur ; il sait honorer ce qu'il y a d'honorable dans nos fastes de l'empire ; il a gémi à l'avénement de la restauration, de ce qu'avait d'humiliant pour notre patrie l'invasion étrangère ; il rend justice aux améliorations introduites sous ce gouvernement ; mais il a protesté de toute l'énergie de son ame contre les liberticides ordonnances ; mais il a accueilli notre révolution de juillet avec tout l'enthousiasme d'un cœur noblement indépendant, d'un cœur vraiment français.

Eh quoi ! la France d'aujourd'hui a-t-elle donc à repousser des ordonnances de juillet ?

Une grande, une immense révolution se traduit-elle par de honteuses, par de dégoûtantes émeutes ? Je vous l'ai écrit il y a deux ans et demi, à l'occasion des troubles de Lyon, en novembre 1831 : les plus grands ennemis des peuples sont les plus grands ennemis des lois. Ce n'est donc pas, je le répète encore, du sang français que celui des émeutiers. Les cœurs de ces misérables et de ceux plus misérables encore qui les excitent, qui les dirigent, ont-ils jamais noblement battu en faveur de la vraie liberté, de cette liberté qui ne peut vouloir et réaliser de conquêtes pour le plus grand bonheur possible des peuples, que par le respect à l'ordre public, cette liberté une fois conquise ? Eh quoi ! le misérable qui descend dans la rue pour faire de la guerre civile, et l'infâme qui l'y pousse par de perfides suggestions, ne sont-ils pas mille fois plus les ennemis de la patrie, que le soldat étranger obéissant à un devoir d'état, faisant loyalement la guerre, défendant le foyer domestique ou repoussant au loin l'agression ambitieuse ? Si la vanité d'un peuple fait monter jusqu'aux nues ses belliqueux trophées, consacrant le souvenir de tant d'homicides triomphes, derniers fruits amers de la barbarie expirante, jusqu'où donc doit s'élever l'hommage de sa judicieuse reconnaissance, lorsqu'il s'agit de la protection, de la défense, de la conservation de ce qu'un peuple civilisé possède de plus cher au monde : je veux dire, la paix intérieure ? Ah ! si c'est par des colonnes de bronze, que se rachète le sang versé à si grands flots dans la gloire de nos armes vagabondes, quel tribut d'admiration la France ne doit-elle pas à la mémoire de ses dignes enfants qui, pour la sauver de la honte d'une anarchie stupidement affreuse, savent au sein de la patrie, mourir en combattant pour les lois, afin que la grande nation vive de cette vie dont elle est digne, si elle est digne d'être une grande nation destinée à offrir au monde le bienveillant et sublime exemple de toutes les vertus sociales auxquelles, sans doute, sont appelés tous les peuples de la terre, si l'intelligence supérieure de la race humaine n'est point une insigne et désolante déception.

J'ai l'honneur d'être, etc.

Versailles, le 14 mai 1835.

Au méme.

Vous disiez l'autre jour, Monsieur, dans votre bulletin, qu'un journal représentait l'opinion de ses abonnés. Je ne sais pas jusqu'à quel degré de précision peut être établie une telle assertion, ni jusqu'à quel degré de conviction on pourrait en soutenir le résultat, je ne veux pas dire logique, mais moral, ce qui est bien différent ; car vous savez que par le temps qui court, rien ne ressemble moins à la vérité que ce qui est vrai, parmi un certain monde du moins , grâce aux captieuses arguties renouvelées chaque jour par les organes des partis extrêmes , au grand scandale du plus vulgaire bon sens; mais pour ce qui me concerne, je vous déclare que vous êtes grandement dans l'erreur , attendu que votre journal est loin depuis long-temps d'exprimer des opinions conformes aux miennes , sinon quant au fond, d'après ce qu'il dit dans de rares circonstances, du moins quant à tout le reste qu'il répète chaque jour. Non certes ! ce ne sont

pas là mes opinions, et vous devez en être con-
vaincu si vous vous rappelez les lettres que je
vous ai écrites, toutes, je puis dire, dans l'intérêt le mieux senti du vrai bien public, que je
crois comprendre autant que qui que ce soit
dans le monde, relativement à mon humble position sociale, où le dévouement désintéressé
n'exclut pas l'intelligence des choses. Quand je
dis que les opinions du journal ne sont pas les
miennes, je veux faire entendre par là qu'il a
presque entièrement dévié de la ligne politique
grave et généreuse qu'il s'était tracée immédiatement après la révolution de juillet. Dans cette
voie si honorable, et soutenu par la bonne foi
et les talents consciencieux d'écrivains distingués,
il pouvait et devait marcher et grandir en im-
portance morale, à la tête de toutes les autres
publications quotidiennes; et quoique la morale n'ait rien de commun avec l'argent, il est
probable qu'en persistant dans cette première
direction, on n'en serait pas venu, pour les trop
crédules actionnaires, à une liquidation de 96
pour cent de perte.

Après tout, qu'il y ait un plus ou moins grand
nombre d'abonnés qui pensent comme leurs
journaux, qu'est-ce que cela prouve, je vous le
demande, puisqu'il y a des journaux de toutes
les couleurs les plus tranchées, de toutes les

nuances les plus fugaces, et que chacun répète chaque jour à ses lecteurs qu'il est l'expression la plus fidèle de l'opinion publique? Je ne crois pas là, raisonnablement parlant, que ce qu'on appèle l'opinion publique, être moral trop métaphysique encore, tiraillé à contre-sens par les plus mauvaises passions, puisse se formuler par des sympathies ou antipathies privées sous l'influence desquelles se fabriquent presque tous les articles politiques de certains journaux. C'est un parti pris dans l'opposition systématique, de déplacer ou fausser méchamment les principes et les actes du gouvernement, en faisant, pour la forme, du sentimentalisme populaire aux dépens du pauvre peuple, contre les intérêts réels duquel on pousse quelques misérables niais, quelques furieux ignorants, que d'autres furieux, bien plus coupables encore, magnétisent, pour ainsi dire, jusqu'au-delà du crime. Rien n'est envisagé sous son véritable point de vue : on blâme ce qu'il faudrait louer, on loue ce qu'il faut flétrir! quitte, le lendemain, à gronder avec la plus tendre mansuétude! On méconnaît tout, on confond tout, et les droits et les devoirs. Quand l'anarchie est dans les moyens, quand elle en est la conséquence forcée, on doit croire aussi qu'elle est dans le but. Tout ce qui peut entraver de près ou de loin la marche régulière du gouvernement, est accueilli , est ramassé, quelle qu'en soit l'impure origine , avec un zèle frondeur et de mauvais goût qui jamais ne se lasse. Puis, usant de mille stratagêmes, on en appèle à des ministres , contre le ministère ; aux deux chambres, contre les ministres qu'elles appuient ; à celles-ci , contre elles-mêmes ; au pays, contre les chambres, c'est-à-dire, au pays contre lui-même ; à des accusés en révolte en face de leurs juges, contre les lois et le pouvoir judiciaire de la plus haute magistrature ; à la rébellion, contre la force publique ; à la corruption et la perfidie , contre la bienveillance et la loyauté ; à la dégoûtante émeute, à l'horrible guerre civile , contre la sécurité des familles , l'ordre de l'Etat, la considération du pays et le sang des citoyens ; à la folie, contre la sagesse ; au crime, contre la vertu ; au mensonge, toujours contre la vérité.

N'est-ce pas encore au nom de l'opinion publique méconnue , des beaux-arts outragés , de l'honneur national compromis, que cette opposition dont la perspicacité malheureuse, heureusement toujours en défaut , s'est si souvent mise en frais de déclamations tour-à-tour ridicules , puériles et malveillantes ? Par exemple : l'Angleterre n'était notre alliée qu'à condition de lui abandonner Alger ; on n'oserait jamais d'ailleurs avouer la colonisation, et, sous la supposition de tels augures, un traité de commerce a été conclu entre la France et la Grande-Bretagne, et Alger a été déclaré possession française; le Pape et ses puissants amis exigeaient immédiatement l'évacuation d'Ancône, et nos soldats y montent encore la garde; on n'oserait pas non plus forcer l'entrée du Tage, pour obtenir satisfaction de Don Miguel, et à cela, notre flotte a répondu par un glorieux démenti, qui, toutefois, n'a pu parer à la grande agitation manifestée parmi nos susceptibilités opposantes, dans la question si grave de savoir si c'était bien dessus ou dessous les murs de Lisbonne que flottaient nos couleurs, attendu, apparemment, que munie d'ordres circonstanciés plus dignement, et une bonne marée diluvienne aidant, l'escadre aurait pu, manœuvrant bien, jeter indubitablement l'ancre dans les bastions, ou sur les bastions les plus élevés de cette capitale; on n'oserait pas envoyer un seul régiment à un peuple voisin et ami, menacé de perdre sa nationalité, et toute une armée accourut pour soutenir les justes droits de ce peuple; on n'oserait pas intervenir une seconde fois, on se bornerait à de vaines démonstrations, et surtout, on se garderait bien d'assiéger Anvers, de tirer le premier coup de canon : on avait trop peur ; car les armées de l'Europe étaient là, partout autour de nous, massées sur les frontières, ou en marche pour s'y rendre, et les Français ont rentré en Belgique, chassé l'ennemi, pris Anvers, et maintenu la paix. Possédés, tout au moins ! du génie destructeur d'Attila, de modernes barbares bouleversaient impitoyablement les chefs - d'œuvre du célèbre Le Notre, dont l'ame évoquée à si grands cris et si long-temps par la clameur publique, c'est-à-dire de l'opposition, ne paraît pourtant pas s'être indignée du tout de ces larges tranchées ouvertes aux Tuileries, et où tombaient mutilés tous ces marbres et ces bronzes vivants, ce qui se voyait même de très-loin fort distinctement, au travers d'un prisme à grande réfraction. O vandalisme épouvantable ! quel dommage, en effet ! de voir à la place de l'aridité monotone de ces larges terrasses graveleuses, le château réparé, embelli, s'élever aujourd'hui, au-dessus de deux jolis parterres dessinés en longues corbeilles de fleurs posées sur la verdure fraîche d'un riche gazon parmi des lilas, des orangers, des roses, de beaux vases, de belles statues, tout cela formant un ensemble du meilleur goût !

Et le procès d'avril ! c'est ici que se sont donné rendez-vous toutes les hautes capacités opposantes. Toutes les équations algébriques ont été épuisées pour en démontrer l'impossibilité physique, et tout l'éclectisme de l'opposition, pour en signaler ce qu'elle appèle l'immoralité ! tant est grande l'habitude de l'erreur nourrie par l'aveuglement de l'esprit de parti. L'immoralité ! et qui donc fait tant de scandale, si ce n'est cette misérable faction qui, dans le délire de sa hideuse licence, ose nier la liberté qu'elle vocifère et dont certainement elle est indigne ? Et parce que « le code n'a pas prévu » qu'un accusé voulût empêcher la justice » d'avoir son cours, » il faudrait abandonner la société au fanatisme anarchique d'un ramassis de perturbateurs, d'impudents séditieux ! Mais Rome n'avait pas de loi contre le parricide, parce qu'elle ne supposait pas qu'un Romain pût se souiller d'un tel crime : quel monstre parmi les hommes éleva jamais la voix pour réclamer le droit horrible du plus grand des forfaits, au nom du religieux silence d'une telle législation ?

J'ai l'honneur d'être, etc.

Paris, le 25 août 1835.

Au même,

En réponse à l'appel fait aux abonnés du Journal, à l'occasion des propositions de lois sur la presse.

Monsieur,

Vous désirez savoir les opinions politiques de vos abonnés, pour vous mettre mieux à même, dites-vous, de concourir à formuler le vœu réel du pays ? A différentes époques depuis quatre ans, j'ai cru devoir vous faire connaître la mienne, non comme actionnaire subordonné à une question d'argent, vous le savez, mais comme homme indépendant s'il en fut jamais, mais comme dévoué de toute ame au gouvernement de juillet, représentant si bien et toutes les nobles sympathies de la France, et le principe si vrai, si moral des plus grandes libertés publiques ; principe que ce gouvernement si éminemment national saura protéger et défendre énergiquement contre les stupides et criminelles attaques, trop long-temps supportées, de ces impures factions qui empoisonnent le corps social.

Je regrette, dans l'intérêt des doctrines libérales, que votre journal ait tant dévié de sa première direction : vous avez fait fausse route. Votre mission était belle pourtant !... Vous êtes descendu dans une arène que l'on pouvait croire indigne de vous ; car vous n'avez attaqué les actes qu'en haine des noms-propres auxquels vous faites une guerre, je ne dirai pas peu généreuse, mais des plus injustes. Il me semble que plus on a de talent, de hautes capacités d'esprit et d'intelligence, plus on devrait aimer la gloire d'être utile par l'enseignement de la sagesse. La presse de l'opposition a fait tout le contraire : elle a été injuste, malveillante, séditieuse, criminelle ; elle a faussé, égaré, perverti une partie de l'esprit public. Le mal qu'elle n'a pas fait, elle l'a préparé. A chacun selon ses œuvres ! qu'elle subisse donc le trop juste châtiment de ses trop déplorables excès. Au nom de la liberté qui n'est pas un mensonge, la nation le veut et le demande à ses vrais représentans qui ne lui failliront jamais.

J'ai l'intention de donner de la publicité aux lettres que je vous ai écrites.

J'ai l'honneur d'être, etc.

FIN.

www.ingramcontent.com/pod-product-compliance
Lightning Source LLC
Chambersburg PA
CBHW051337060726

47596CB00004B/1657